GARFIELD

comme par magie

PAR JIM DAVIS

Publié par **Presses Aventure**, une division de
Les Publications Modus Vivendi Inc.
3859, autoroute des Laurentides
Laval (Québec) H7L 3H7
Canada

Dépot légal: 3ᵉ trimestre 2002
Bibliothèque nationale du Québec
Bibliothèque nationale du Canada
Bibliothèque nationale de France

Traduction de: Garfield Weighs In
ISBN 2-89543-051-4

Canadä Nous reconnaissons l'aide financière du gouvernement du Canada par l'entremise du Programme d'aide au développement de l'industrie de l'édition (PADIÉ) pour nos activités d'édition.

«Gouvernement du Québec – Programme de crédit d'impôt pour l'édition de livres – Gestion SODEC»

J'AI TROUVÉ, CAPITAINE. L'ASSASSIN EST

NOUS INTERROMPONS CETTE ÉMISSION POUR VOUS AVISER QU'UN ORAGE ÉLECTRIQUE SE PRÉPARE

COMMENT OSENT-ILS INTERROMPRE MON ÉMISSION PRÉFÉRÉE POUR UN RAPPORT MÉTÉO ?

JE VAIS LEUR DIRE MA FAÇON DE PENSER !

JIM DAVIS

JE SUIS GONFLÉ À BLOC !

N-R-D, ALLÔ ?

MIAO !

© 1980 United Feature Syndicate, Inc.

C'EST UNE BLAGUE OU QUOI ? ALLÔ ?

ZUT ! CE QUE JE ME SENS STUPIDE

4-6

4-9

JE CROIS QUE JE VAIS ALLER DANS LA PIÈCE À CÔTÉ ET FAIRE UNE CRISE DE NERFS

QU'EST-CE QUI EST CHAUD ET AGRÉABLE QUAND ON S'Y COUCHE ?

JIM DAVIS

4-10

QU'IL FAUT SUIVRE, MAIS QU'ON NE PEUT ATTRAPER ?

OK, GARFIELD. QU'AS-TU FAIT ?

QU'AS-TU FAIT ?
QU'AS-TU FAIT ?

J'ADORE LES GUERRES PSYCHO-LOGIQUES

4-11

JIM DAVIS

PLIP !

© 1980 United Feature Syndicate, Inc.

4-12

PLIP !

JE N'AIME PAS LES RAISINS SECS DANS MES CÉRÉALES

JE SAIS !
JE SAIS !

JIM DAVIS

LAISSE CETTE CUISSE DE POULET TRANQUILLE, GARFIELD.

SMACK !

OUACK !

SPLAT !

JIM DAVIS

© 1980 United Feature Syndicate, Inc.

C'EST CE GENRE DE CHOSE QUI FREINE MON ENTHOUSIASME POUR LES CHATS

4-13

VROUMMM ! B-B-B-
B-VOUM ! BAR-
ROUM !

4-16 © 1980 United Feature Syndicate, Inc.

MIAOU

VROUMMM! SCRIIIII!
VOUM! VOUM!

JIM DAVIS

LA TÉLÉ DEVRAIT ÊTRE PLUS
ÉDUCATIVE. LA TÉLÉ DEVRAIT
ÊTRE INTELLECTUELLEMENT
PLUS STIMULANTE

4-17

JE VAIS LANCER UN MOUVEMENT
POUR UNE TÉLÉ AVEC UNE PLUS
GRANDE CONSCIENCE SOCIALE !

DÈS QUE J'AURAI FINI DE
REGARDER « LA CRÉATURE
MARINE EMBÊTE SANDRA DEE »

© 1980 United Feature Syndicate, Inc.

REGARDE LA RÉALITÉ EN FACE, GARFIELD

TU N'ES PLUS LE MINET QUE TU AS ÉTÉ

4-28

JE FAIS UNE SUPER SOUPE POUR DÎNER, GARFIELD

QUELQUE CHOSE CLOCHE ICI

4-29

ET MAINTENANT, UN PEU D'ÉPICES

JE N'AIME PAS CE BOUILLON-NEMENT

L'HEURE DU BAIN !

IL M'A DUPÉ ENCORE UNE FOIS !

MANGE, L'AMI

© 1980 United Feature Syndicate, Inc.

5-2

JIM DAVIS

JE NE DIS PAS QUE GARFIELD EST GROS, MAIS LA DERNIÈRE FOIS QU'IL EST MONTÉ DANS UNE GRANDE ROUE, LES DEUX TYPES QUI ÉTAIENT EN HAUT SONT MORTS DE FAIM

SPLAT !

© 1980 United Feature Syndicate, Inc.

5-3

IL FAUT QUE JE DISE À JON DE CHANGER L'EAU DE MON BOL

JIM DAVIS

QU'EST-CE QUI M'ARRIVE ?

MAIS OÙ EST MA TERRIBLE ENVIE DE POUSSER ODIE

5-4

JE PERDS LA MAIN !

CE DOIT ÊTRE UNE ATTAQUE DE GENTILLESSE !

© 1980 United Feature Syndicate, Inc.

pousse

UN PEU DE MAÎTRISE DE SOI, ET TU PEUX CONQUÉRIR N'IMPORTE QUOI

JIM DAVIS

DEVINEZ QUI VIENT NOUS VISITER. NERMAL, LE PLUS MIGNON CHATON DU MONDE

5-5   © 1980 United Feature Syndicate, Inc.

TU ES SI MIGNON, C'EST DÉGUEULASSE !

C'EST VRAI

MAIS C'EST LA CROIX QUE JE DOIS PORTER

JIM DAVIS

JE TE CONNAIS DEPUIS UN AN, NERMAL, ET TU ES TOUJOURS UN PETIT CHAT, COMMENT FAIS-TU ?

© 1980 United Feature Syndicate, Inc.

5-6

JE PENSE PETIT

ET LE CAFÉ ET LA CIGARETTE FONT LE RESTE

JIM DAVIS

BÂILLE !

BÂILLE !

BÂILLE !

BÂILLE !

VOYONS, OÙ PEUT BIEN ÊTRE PASSÉE MA SOURIS DE CAOUTCHOUC ?

5-13

EIYIIIIIII !

SPLASH !

C'EST VRAI. JE L'AI LAISSÉE DANS LA BAIGNOIRE

JiM DAVIS

5-12

JiM DAVIS

GARFIELD ! POURQUOI VOUDRAIS-TU ATTRAPER CE POISSON ?

© 1980 United Feature Syndicate, Inc. 5-16

IL Y A DES GENS QUI AIMENT LES CHATS POUR CE QU'ILS SONT

ET IL Y EN A QUI SONT DES CHATS À CAUSE DE CE QU'ILS AIMENT

JIM DAVIS

© 1980 United Feature Syndicate, Inc. 5-17

À QUOI TU JOUES, JON ? TU AS DONNÉ TA LANGUE AU CHAT ?

ON OURRAIT IRE HA

JIM DAVIS

JIM DAVIS © 1980 United Feature Syndicate, Inc.

MON PIANO EST POSSÉDÉ ! IL Y A UN ESPRIT MALIN DANS MON PIANO !

5-20

TU LE RETOURNES AU MAGASIN !

JIM DAVIS

© 1980 United Feature Syndicate, Inc.

JE PRENDS LA DERNIÈRE PORTION DE LASAGNE, GARFIELD

5-23 © 1980 United Feature Syndicate, Inc.

ET TU FAIS CE QUE TU VEUX AVEC LE PLATEAU, HA, HA

WHANG!

SPLAT!

JIM DAVIS

JE COMMENCE À EN AVOIR ASSEZ DE TA MANIÈRE FORTE, GARFIELD

5-24

SOUVIENS-TOI : HEUREUX LES FAIBLES, CAR LA TERRE LEUR APPARTIENDRA

MAIS, POUR LE MOMENT, CE SONT LES FORTS QUI PROFITENT DU CONFORT

© 1980 United Feature Syndicate, Inc. JIM DAVIS

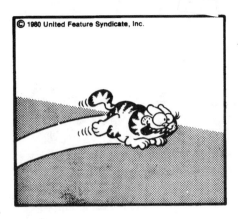

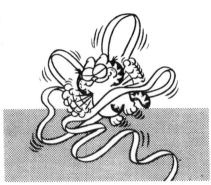

LA SALLE DE BAIN EST BIEN SÉCURITAIRE, M'SIEUR

5-26

5-27

ARRIÈRE ! ARRIÈRE ! SAUVAGE !

SAUVAGE ... J'AIME ÇA

SPLOUT !

QU'EST-CE QUE C'EST ?

ODIE À LA MERINGUE CITRONNÉE

© 1980 United Feature Syndicate, inc.

♪ ICI, ODIE !

© 1980 United Feature Syndicate, Inc.

JE VAIS T'APPRENDRE À RESTER ASSIS AUJOURD'HUI

DIFFICILE D'APPRENDRE DE NOUVEAUX TRUCS À UN CHIEN MORT

JIM DAVIS

ON DIT QUE JE SUIS MÉCHANT AVEC ODIE. COMPRENEZ-MOI BIEN, J'AIME LES CHIENS, ET SI JE MENS, QUE LA FOUDRE

5-30 © 1980 United Feature Syndicate, Inc.

FOUDROIE LE CHIEN DU VOISIN

YIP

JIM DAVIS

POUR JOUIR PLEINEMENT DU TENNIS, IL FAUT LA BONNE POSITION

5-31

VOUS DEVREZ IMAGINER LE FAUTEUIL, LA TÉLÉ ET LE PACK DE SIX

JIM DAVIS © 1980 United Feature Syndicate, Inc.

IL FAUT QUE TU AILLES DEHORS, GARFIELD

JE NE VEUX PAS ALLER DEHORS

© 1980 United Feature Syndicate, Inc.

SLAM !

6-1

JIM DAVIS

SLURP !

BEURK

ÉCOUTE, ODIE : MOI CHAT, TOI CHIEN, ON SE CHAMAILLE. C'EST DANS L'ORDRE DES CHOSES

6-8

COMPRIS ?

SLURP !

JIM DAVIS

LE CHAT ACTEUR EST FILMÉ EN TRAIN D'ÉCHAPPER À L'ENNEMI

6-13

© 1980 United Feature Syndicate, Inc.

POUR FINIR, IL DOIT SE JETER DU HAUT D'UNE FALAISE

CETTE SCÈNE, BIEN SÛR, SERA EXÉCUTÉE PAR UN CHIEN CASCADEUR

JIM DAVIS

LE CHAT DOMESTIQUE A UN HORAIRE CHARGÉ

© 1980 United Feature Syndicate, Inc.

6-14

QUI COMPREND SE FAIRE LES GRIFFES

ET VOIR SON MAÎTRE SE PRÉPARER POUR UNE GRANDE SORTIE

JIM DAVIS

DEMAIN, J'AURAI DEUX ANS. C'EST L'ÉQUIVALENT DE QUATORZE ANS CHEZ L'HOMME

6-18

LES CHATS ONT LA VIE BELLE

L'ADOLESCENCE SANS L'ACNÉ

JIM DAVIS © 1980 United Feature Syndicate, Inc.

AUJOURD'HUI C'EST MON ANNIVERSAIRE. ET JE DÉTESTE LES ANNIVERSAIRES. ILS VONT ME FAIRE UNE FÊTE-SURPRISE, ET JE DÉTESTE LES FÊTES-SURPRISES

JIM DAVIS © 1980 United Feature Syndicate, Inc.

SURPRISE, GARFIELD !

MAIS J'ADOOOORE L'ATTENTION !

6-19

OUF, JE NE PEUX PAS FINIR MON PLAT

6-23

QU'EST-CE QUE JE RACONTE ?!!

JE NE SERAIS PAS GARFIELD SI JE LAISSAIS DE LA NOURRITURE

© 1980 United Feature Syndicate, Inc.   JIM DAVIS

JIM DAVIS   © 1980 United Feature Syndicate, Inc.

WHOMP !

6-24

JE DOIS M'ARMER POUR AFFRONTER LE MONSTRE VISQUEUX

© 1980 United Feature Syndicate, Inc.

7-2

AH ! UN CASQUE

J'AURAIS DÛ VIDER LE SUCRE AVANT

JIM DAVIS

VOUS VOUS DEMANDEZ POURQUOI JE CRAINS LE MONSTRE VISQUEUX ?

© 1980 United Feature Syndicate, Inc.

EN PLUS D'AVOIR UN TEINT AFFREUX ET DE TENIR LE HAUT DU PAVÉ DANS LES SOIRÉES ENTRE AMIS

IL SE NOURRIT DE POTEAUX À FAIRE LES GRIFFES

JIM DAVIS

7-3

PURRRR

© 1980 United Feature Syndicate, Inc.   7-14

VEUX-TU MANGER UNE BOUCHÉE, GARFIELD ?

CET HOMME LIT DANS MES PENSÉES

JIM DAVIS

7-15

GARFIELD!

PAS UN PAS DE PLUS ! CE POULET EST CHARGÉ !

JIM DAVIS   © 1980 United Feature Syndicate, Inc.

SPLASH!

7-20

IL FAUT QUE JE REMONTE PRENDRE L'AIR

© 1980 United Feature Syndicate, Inc.

JIM DAVIS

RESPIRE!

GARFIELD, QUE DIRAIS-TU D'ÊTRE MON CHAT D'ATTAQUE ?

MOI ? UN CHAT D'ATTAQUE ?

7-21

TU RESTERAIS À MES CÔTÉS, À L'AFFÛT DU DANGER

JE RESTERAIS À TES CÔTÉS, À L'AFFÛT DU DANGER

TU T'ATTAQUERAIS À QUICONQUE ME MENACERAIT

J'ATTAQUERAIS TOUT CE QUI EST COMESTIBLE

JIM DAVIS © 1980 United Feature Syndicate, Inc.

J'AI FABRIQUÉ UN MANNEQUIN MENAÇANT POUR TON ENTRAÎNEMENT, GARFIELD

7-22 JIM DAVIS

TUE-LE !

HA, HA, HA, HA, HA !

© 1980 United Feature Syndicate, Inc.

RAPPELLE-TOI, GARFIELD, TU ES UN DANGEREUX CHAT D'ATTAQUE

ATTAQUE !

TA MÈRE EST UNE PAUVRE FILLE

© 1980 United Feature Syndicate, Inc.

JIM DAVIS

TU ES UN CHAT D'ATTAQUE. TUE-LE, GARFIELD, TUE LE MÉCHANT

7-24

TUE-LE !

ERREUR SUR LE MÉCHANT

SOIS DONC PLUS PRÉCIS

© 1980 United Feature Syndicate, inc.

JIM DAVIS

OK, CHAT D'ATTAQUE, PRÉTENDONS QU'UN AGRESSEUR SORT DU BUISSON

7-25

UN AGRESSEUR DE 150 KILOS AVEC UNE MASSUE

COMMENT NOUS PROTÉGERONS-NOUS ?

IL N'EN VEUT PAS À **MON** ARGENT

© 1980 United Feature Syndicate, Inc. JIM DAVIS

OUBLIE ÇA, GARFIELD. TU NE FERAS JAMAIS UN BON CHAT D'ATTAQUE

7-26

OH OUAIS ? EH BIEN, ATTENDEZ QU'UNE BRUTE ESSAIE DE S'ATTAQUER À JON

LES OREILLES VONT LUI SIFFLER

JIM DAVIS © 1980 United Feature Syndicate, Inc.

GARFIELD ! C'EST L'HEURE DU BAIN

© 1980 United Feature Syndicate, Inc. 7-27

LES CHATS

ZOOM

JIM DAVIS

QUE PENSERAIS-TU D'UN BON PETIT DÉJEUNER, GARFIELD ?

CE SERAIT GÉNIAL

QU'AS-TU FAIT AVEC LE POULET, GARFIELD ?

7-29

PARLE !

JE SUIS DÉSOLÉ, GARFIELD, J'OUBLIE PARFOIS QUE TU NE PARLES PAS

OUBLIE ÇA

TU AS UN PETIT AIR MALADIF, GARFIELD

SI ON RETOURNAIT VOIR LA VET ?

7-30

© 1980 United Feature Syndicate, Inc.

ET POURQUOI **ON** NE LUI DEMANDERAIT PAS DE SORTIR ENCORE UNE FOIS ? ET POURQUOI **ON** NE SE FERAIT PAS ÉCONDUIRE ENCORE UNE FOIS ?

HÉ, DOC. UN AUTRE RENDEZ-VOUS, PEUT-ÊTRE ?

© 1980 United Feature Syndicate, Inc.   7-31

JE NE SAIS PAS. JE NE ME SENS PAS EN SÉCU-RITÉ PRÈS DE VOUS, MON GRAND

JE POURRAIS BÂILLER À M'EN DÉCROCHER LA MÂCHOIRE

CE REFUS MÉRITE UN BON 9,8

JIM DAVIS

JE TE METS AU RÉGIME, GARFIELD. TU PEUX MANGER TOUT CE QUE TU VEUX AVEC UNE PAILLE

JIM DAVIS

© 1980 United Feature Syndicate, Inc.

SUCE!

JE VAIS REFAIRE MES DEVOIRS

8-4

SAVEZ-VOUS CE QUI DÉFINIT LE MIEUX LA CUISINE DE RÉGIME ?

© 1980 United Feature Syndicate, Inc.

PAS LES CALORIES, PAS LES PROTÉINES, PAS LES FIBRES

JIM DAVIS

C'EST L'INSIPIDITÉ

8-5

HEUM

MI MI MI MI, OUF, OUF, OUF, OUF, OUF, OUF, JAPPE JAPPE JAPPE

© 1980 United Feature Syndicate, Inc.

JiM DAViS

JAPPE!

8-13

GARFIELD, J'AIMERAIS QUE TU CESSES D'ENTERRER ODIE DANS LE SABLE

LA BELLE AFFAIRE

8-14

JE L'AI ENTERRÉ SEULEMENT JUSQU'AUX GENOUX

© 1980 United Feature Syndicate, Inc.

JiM DAViS

HÉ, GARFIELD, NOUS RENDRONS VISITE À M'MAN ET P'PA À LA FERME CETTE SEMAINE

© 1980 United Feature Syndicate, Inc.

OÙ VAS-TU ?

PRÉPARER MON BAVOIR ET METTRE UN PEU DE FOIN ENTRE MES DENTS

8-18

JIM DAVIS

DIS, M'MAN, QU'EST-IL ARRIVÉ À NADINE, MA POULE DOMESTIQUÉE ?

ELLE VA BIEN

JIM DAVIS

C'EST DÉLICIEUX ! QU'EST-CE QUE C'EST ?

SOUPE NOUILLE ET POULETS NADINE

ELLE ÉTAIT DE LA FAMILLE !

8-19

© 1980 United Feature Syndicate, Inc.

SSST

TU T'HABITUES VRAIMENT À LA VIE DE FERME, N'EST-CE PAS, GARFIELD ?

OUAIS

TU VEUX QU'ON SE RACONTE DES BLAGUES DE MOUTONS ?

8-22

JIM DAVIS

8-23

OINK !
OINK !
OINK !

EN TANT QUE COMESTIBLE, TU PRENDS VRAIMENT DE GROS RISQUES, L'AMI

JIM DAVIS

9-27

GARFIELD, IL N'Y A RIEN QUE TU PUISSES FAIRE OU DIRE POUR QUE JE PARTAGE MA LASAGNE AVEC TOI

C'ÉTAIT UN PETIT STRATAGÈME EFFICACE

JIM DAVIS © 1980 United Feature Syndicate, Inc.

© 1980 United Feature Syndicate, Inc. JIM DAVIS

FLIP !

9-28

FLIP !

TU ES UN MAUVAIS LECTEUR, GARFIELD

TU JOUES UNE MAUVAISE PARTIE DE FLIP, L'AMI

GRATTE
GRATTE
GRATTE
GRATTE

OUAF
OUAF

RRRRRR

IIK, IIK, FRISSONNE DE PEUR, DEMANDE GRÂCE, GRIMPE DANS UN ARBRE

COMMENT FAITES-VOUS, LES CHATS, POUR SAVOIR EXACTEMENT QUAND NOUS FAIRE TRÉBUCHER ?

LA CHANCE, JE SUPPOSE

L'HISTOIRE DES CHIENS PAR GARFIELD

LE PREMIER CHIEN RAMPA DE LA MER À LA TERRE IL Y A DIX MILLIONS D'ANNÉES

9-1

MAIS, MALHEUREUSEMENT POUR LUI

© 1980 United Feature Syndicate, Inc.

IL FUT IMMÉDIATEMENT PRIS AU FILET PAR LE PREMIER CHASSEUR DE CHIENS

JIM DAVIS

L'HISTOIRE DES CHIENS PAR GARFIELD

LE REMUEMENT DE LA QUEUE A ÉTÉ INVENTÉ PAR UN CHIEN APPELÉ « BONZO LE FRÉTILLEUR »

IL S'APERÇUT QUE LE FRÉTILLEMENT DE SA QUEUE PLAISAIT AUX HUMAINS

© 1980 United Feature Syndicate, Inc.

BONZO INVENTA AUSSI LA BAVE QUI ÉCLABOUSSE, MAIS L'HUMAIN N'APPRÉCIA PAS AUTANT

9-2

JIM DAVIS

L'HISTOIRE DES CHIENS PAR GARFIELD

DURANT L'ÂGE DE PIERRE, ON SE SERVAIT DES CHIENS POUR LA CHASSE, UN PEU COMME AUJOURD'HUI

JAPPE JAPPE

GRRRR

© 1980 United Feature Syndicate, Inc.

LES TEMPS ÉTAIENT DIFFICILES

STOMP !

JIM DAVIS

L'HISTOIRE DES CHIENS PAR GARFIELD

CONTRAIREMENT À LA CROYANCE POPULAIRE

LES PREMIERS CHIENS FURENT HEUREUX DE RENCONTRER LES PREMIERS CHATS

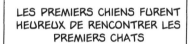

CAR DEPUIS, TOUT CE QUI LEUR RESTE À CHASSER DANS LES ARBRES, CE SONT DES PIERRES

WOUF

© 1980 United Feature Syndicate, Inc.

JIM DAVIS

L'HISTOIRE DES CHIENS PAR GARFIELD

JIM DAVIS © 1980 United Feature Syndicate, Inc.

LES PREMIÈRES BORNES-FONTAINES

9-5

LES RÔLES HISTORIQUES DU CHIEN, CHASSEUR, PROTECTEUR, TRAQUEUR, OUVRIER ET COMPAGNON, ONT CULMINÉ POUR FAIRE DU CHIEN LE CHIEN MODERNE QUE VOUS CONNAISSEZ

JIM DAVIS © 1980 United Feature Syndicate, Inc.

IL VOUS DONNE ENVIE DE PLEURER

9-6

VOUS SENTEZ-VOUS PERSON-NELLEMENT RESPONSABLE DE LA FAMINE DANS LE MONDE ?

EST-CE QUE LA MARÉE MONTE À CHAQUE FOIS QUE VOUS ALLEZ À LA PLAGE ?

AVEZ-VOUS DÉJÀ MANGÉ TOUT UN ORIGNAL ?

POUVEZ-VOUS VOIR VOTRE COU ?

LES JOGGERS TOURNENT-ILS AUTOUR DE VOUS POUR FAIRE DE L'EXERCICE ?

SI OUI, BIENVENUE À LA SEMAINE NATIONALE DES

CETTE SEMAINE, NOUS ALLONS MANGER SANS CULPABILITÉ, ET LANCER NOTRE CAMPAGNE D'ADHÉSION

EN FAISANT AVALER DE FORCE DEUX DOUZAINE DE CRÊPES À UNE PERSONNE MAIGRE

JIM DAVIS

9-7

BIENVENUE À LA SEMAINE NATIONALE DES GROS

9-8

C'EST LA SEMAINE OÙ CHACUN DE VOUS, MES FRÈRES ET SŒURS JOUFFLUS, CÉLÉBREZ VOS RONDEURS, VOTRE CORPS GRAS ET PROSPÈRE

RAPPELEZ-VOUS, VOUS N'ÊTES PAS OBÈSES, C'EST LE RESTE DU MONDE QUI EST SOUS-ALIMENTÉ

© 1980 United Feature Syndicate, Inc.   JIM DAVIS

C'EST LA SEMAINE NATIONALE DES GROS. DEBOUT, LES GROS !

9-9

NE NOUS LAISSONS PAS ABATTRE PAR L'INSENSIBILITÉ DE LA NATION ENVERS LES GROS !

MOQUONS-NOUS DES CHAUVES !

© 1980 United Feature Syndicate, Inc.   JIM DAVIS

LES SIÈGES DANS LES AVIONS ET LES THÉÂTRES SONT TROP ÉTROITS. LES VÊTEMENTS MODE NE SONT PAS À NOTRE MESURE. MAIS CE SONT DES DÉTAILS

NOUS, LES GROS, SOMMES SANS CESSE VICTIMES DE DISCRIMINATION

9-12

CE DONT NOUS AVONS VRAIMENT BESOIN, C'EST DE LITIÈRES GÉANTES

JIM DAVIS © 1980 United Feature Syndicate, Inc.

VOICI UNE BLAGUE DE RÉGIME POUR LA SEMAINE NATIONALE DES GROS

9-13

QU'OBTIENDREZ-VOUS SI VOUS CROISEZ UNE PERSONNE AU RÉGIME AVEC UN GORILLE DE NEUF PIEDS ?

VOUS AUREZ UN GORILLE QUI FAIT UN RÉGIME OÙ CELA LUI PLAÎT

JIM DAVIS

SPLAT !

© 1980 United Feature Syndicate, Inc.

LAISSE-MOI DEVINER. TU ESSAIES DE ME DIRE QUE TU N'AIMES PAS TON REPAS

À MA MANIÈRE PERSONNELLE ET SUBTILE

NOUS LES CHATS SOMMES TRÈS UNIQUES

QUI D'AUTRE A AUTANT DE FIERTÉ, DE STYLE ET DE RAFFINEMENT ?

© 1980 United Feature Syndicate, Inc.

QUI D'AUTRE PEUT TUER UN APRÈS-MIDI SUSPENDU À UNE MOUSTIQUAIRE ?

SLAM !

© 1980 United Feature Syndicate, Inc.

JIM DAVIS

9-26

9-27

JIM DAVIS

GOBE !
GOBE !
GOBE !

© 1980 United Feature Syndicate, Inc.

MERCI D'AVOIR LAISSÉ UNE AILE, GARFIELD

À QUOI SERT L'AMITIÉ ?

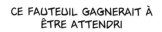

© 1980 United Feature Syndicate, Inc.

10-5

JIM DAVIS

CLONC!

10-17

BOTTE !

© 1980 United Feature Syndicate, Inc.

OÙ EST PASSÉ NERMAL ?

IL FAIT UNE PETITE SIESTE

JIM DAVIS

CLOP
CLOP

CLOP CLOP

JIM DAVIS

LES CHATS SONT SI MIGNONS QUAND ILS JOUENT À S'HABILLER

© 1980 United Feature Syndicate, Inc.

MIGNONS JUSQU'À UN CERTAIN POINT, DISONS

10-18

GRATTE
GRATTE
GRATTE

GARFIELD, QUE DIRAIS-TU SI JE DISAIS QUE MON FAUTEUIL EST ENDOMMAGÉ ?

JE DIRAIS QUE T'AS RAISON

QUE DIRAIS-TU SI JE DISAIS QUE LES DOMMAGES SEMBLENT AVOIR ÉTÉ FAITS PAR UN CHAT ?

JE DIRAIS QU'IL SEMBLE EN EFFET QUE CERTAINES ÉCORCHURES SOIENT DUES À DES GRIFFES PERSUASIVES

© 1980 United Feature Syndicate, Inc.

QUE DIRAIS-TU SI JE DISAIS QUE NOUS CONNAISSONS CE CHAT TOUS LES DEUX ?

JE DIRAIS QUE TU CHAUFFES

QUE DIRAIS-TU SI JE DISAIS QUE TU ES LE CHAT QUI A ABÎMÉ MON FAUTEUIL ?

JE DIRAIS QUE C'EST UNE POSSIBILITÉ INDÉNIABLE

10-19

QUE DIRAIS-TU SI JE DISAIS : NE TE FAIS PLUS JAMAIS LES GRIFFES SUR MON FAUTEUIL ?

NO COMPRENDO, SEÑOR

JIM DAVIS

JE VAIS TE METTRE CE COLLIER ANTI-PUCES GARFIELD

JAMAIS DE LA VIE

ROAR

10-25

GRATTE GRATTE GRATTE GRATTE

GRATTE GRATTE GRATTE GRATTE

10-29

TIP

JIM DAVIS © 1980 United Feature Syndicate, Inc.

10-30

WAKA
WAKA
WAKA
WAKA
WAKA
WAKA

© 1980 United Feature Syndicate, Inc. JIM DAVIS

COMMENT TE SENS-TU SANS TON PLÂTRE, GARFIELD ?

10-31

GRATTE GRATTE GRATTE GRATTE GRATTE GRATTE GRATTE

JIM DAViS

QUE DEVRAIS-JE FAIRE AVEC TON PLÂTRE, GARFIELD ?

11-1

J'AIMERAIS LE CONSERVER

BADANG !

JIM DAViS

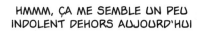

HMMM, ÇA ME SEMBLE UN PEU INDOLENT DEHORS AUJOURD'HUI

TU ME PARAIS UN PEU APATHIQUE, GARFIELD

JE PRÉFÈRE VOIR LA CHOSE COMME UN STADE AVANCÉ DE RELAXATION

JE T'EMMÈNE CHEZ LA VET

ELLES A UN REMÈDE POUR PARESSEUX ?

SON ALLANT S'EST EN ALLÉ, DOC

RIEN QU'UN PETIT SOMME NE PUISSE GUÉRIR

UNE PIQÛRE DE VITAMINES DEVRAIT FAIRE L'AFFAIRE

© 1980 United Feature Syndicate, Inc.

11-2

MAIS VOUS NE L'AVEZ MÊME PAS PIQUÉ

C'EST L'INTENTION QUI COMPTE

TAPITI TAPITI

TAPITI TAPITI

JIM DAVIS